Irma Lindekam
Vegetarisches Kochbuch

SEVERUS Verlag

ISBN: 978-3-95801-533-3
Druck: SEVERUS Verlag, 2016

Der SEVERUS Verlag ist ein Imprint der Diplomica Verlag GmbH.
Bibliografische Information der Deutschen Nationalbibliothek:
Die Deutsche Nationalbibliothek verzeichnet diese Publikation in der Deutschen National-
bibliografie; detaillierte bibliografische Daten sind im Internet über http://dnb.d-nb.de
abrufbar.

© SEVERUS Verlag, 2016
http://www.severus-verlag.de
Printed in Germany
Alle Rechte vorbehalten.
Der SEVERUS Verlag übernimmt keine juristische Verantwortung oder irgendeine Haftung
für evtl. fehlerhafte Angaben und deren Folgen.

Irma Lindekam

Vegetarisches Kochbuch

Vegetarisches Kochbuch

Von

Irma Lindekam

Inhaltsverzeichnis

	Seite
Vorwort	3
Brot	5
Suppen	6—12
Nährmitteltabelle	13
Gemüse	14
Gemüsepasteten	21
Hülsenfrüchte	23
Mehl-, Milch-, Kartoffel-, Reis- und Eierspeisen	25
Saucen	36
Salate	38
Früchte	40
Menüs	43

Vorwort

Hin und her wogt seit langen Jahren der Streit, ob für die Menschheit die Fleisch- oder die Pflanzen- oder die gemischte Kost am zuträglichsten ist. Wir wollen in dem vorliegenden Büchlein in diesen Kampf nicht direkt eingreifen, weil das Für und Wider schon reichlich von den Freunden und Gegnern erwogen und behandelt worden ist; wir wollen uns vielmehr sofort zu jenen halten, die für ihre Personen bereits eine Entscheidung über die Lebensweise getroffen haben und sich als Vegetarier im weiteren Sinne bekennen, sei es aus Gründen der Vernunft oder aus Idealismus. Die Vegetarier aber, die sich beizeiten von den Irrungen der Menschheit freigemacht haben, blühen im engsten Wortsinne als Zierde der Menschheit nach jeder Richtung hin. Vor allem sind sie edel, ist es doch eine allbekannte Tatsache, daß ein wirklicher Vegetarier nie ein schlechter Mensch ist; denn infolge seiner Lebensweise, die alles Schädliche, Körper und Geist Vergiftende fernhält, ist es unmöglich, daß er Handlungen begeht, die allein in den Giften unserer Kulturbegleiterscheinungen ihre Ursachen haben. Die vegetaristische Bewegung ist sonach nicht nur eine wirtschaftliche, sondern auch eine Kulturbewegung. Doch auch jene Menschen, die aus Vernunftgründen Anhänger des Vegetarismus sind, tragen einen großen Teil zur Verbesserung der mitunter recht erschütternd trostlosen Zustände unserer Zeit mit bei, wenn schon sie aus weniger ideellen Gründen heraus handeln. Sie haben eben erkannt, daß es durchaus nicht nötig ist, Fleisch zu genießen, daß es vielmehr für den Körper zuträglicher und vorteilhafter ist, zur natürlichen Lebens- und Nährweise überzugehen, um so all den vielen offenen und versteckten Feinden und Schädigern des wahren Menschentums erfolgreicher entgegentreten zu können.

Blühende, kraftstrotzende, geschmeidige, anmutige Gesundheit ist die Gefolgschaft einer vernünftigen, vegetarischen Lebensweise, und was der Fleischgenuß, der Alkoholismus usw. und unsere ganzen sozialen Verhältnisse am Menschenkörper und -Geist gesündigt haben, die Fruchtkost ist, was uns bereits Goethe im „Faust" gesagt hat, dazu berufen, verbessernd und verjüngend einzuwirken.

Freilich sollte niemand, der jahrelang, vielleicht von Kindheit an, Fleischnahrung zu sich genommen hat, plötzlich von dieser zur Pflanzenkost übergehen, weil nicht jede Körperkonstitution einem so grellen Übergang mit seinen nachfolgenden Krisen genügend Stand zu halten vermag, ohne den Körper schwer zu schädigen. Schritt vor Schritt sei vielmehr hier die Losung, die bei der Herausgabe dieses Werkes auch die Verfasserin geleitet hat. Das vorliegende Heftchen soll in erster Linie ein Führer sein, eine Brücke von der Gemischt- zur vegetarischen Kost, geschrieben vor allem für angehende Hausfrauen oder solche, die ihre Ernährungsweise ändern wollen. Das ist der Zweck des vorliegenden „Vegetarischen Kochbuches", das weiter auch einen Baustein abgeben soll zu dem hehren Bauwerke des Vegetarismus, dessen Endziel Menschenglück auf Erden für Alle bedeutet, weil er alles einschließt, was die gewaltig überwiegende Masse der Menschen heute vermißt und schmerzlich begehrt: Gesundheit und Frieden, oder mit einem anderen Worte gesagt — Erdenglück!

Leipzig, im Januar 1912

Die Verfasserin

Brot

Von Alters her, d. h. seit jener Periode, in der die Menschheit in ihrer Entwicklung von der Ungebundenheit, Jagd und ausschließlichen rohen Fleischnahrung zur Seßhaftigkeit und Gemischtkost überging, hat das Brot einen Hauptbestandteil der Menschennahrung gebildet. Anfangs aus dem Schrot von Getreidekörnern hergestellt, die zwischen Steinen grob zerrieben wurden, hat die Zubereitung des Brotes im Laufe der vielen Jahrhunderte sich mehr und mehr, wenn auch nur äußerst langsam, verfeinert, und mit dieser Verfeinerung hat der Wert desselben im Wirtschaftsleben zugenommen, so daß wir uns kaum vorzustellen vermögen, daß eine Familie ohne Brot auskommen kann. Brot ist gegenwärtig in der gemäßigten Zone das wichtigste Nahrungsmittel. Wir kennen heute eine ganze Reihe Brotsorten, je nach der Getreideart, die dazu verwendet wird. Vor allem ist es das Weißbrot, das fast überall auf der weiten Erde aus Weizenmehl hergestellt wird; während unser deutsches Schwarzbrot, aus Weizen- und Roggenmehl zu gleichen Teilen zubereitet, nur wenig über die schwarz-weiß-roten Grenzpfähle hinaus bekannt ist. In südlichen Ländern herrscht das Maisbrot vor, und je weiter nach Norden, um so gröberes und schwereres Brot werden wir finden.

Bei der eminenten Wichtigkeit des Brotes konnte natürlich auch die Führerschaft der vegetarischen Bewegung nicht achtlos an ihm vorübergehen und zahlreiche hervorragende Männer, in erster Linie der amerikanische Arzt Sylvester Graham, haben hier verbessernd eingegriffen und das ungesiebte, nicht von der Kleie getrennte Mehl für die Ernährung und Verdauung wissenschaftlich erforscht, so daß heute die Vegetarier, wenn es ihnen nur irgend möglich ist, auch beim Genusse von Brot den neueren Weg beschreiten, wohl wissend, daß ein vollkommen nahrhaftes, wohlschmeckendes und leichtverdauliches Brot nur aus besonders gutem Schrot hergestellt werden kann.

Zur Herstellung von Brot benutze man folgendes Rezept:

Schrotbrot. Man rühre 2 Pfund Weizen- oder Roggenschrot (oder von jedem die Hälfte) in $^3/_4$ l lauwarmem Wasser zu einem weichen Teige und knete ihn so lange tüchtig, bis er sich vom Backgefäß abhebt. Dann bedecke man ihn und lasse ihn am Ofen einige Stunden (über Nacht) gehen. Hierauf knete man die Masse nochmals durch und bringe sie auf ein mit einer dünnen Mehlschicht bestreutes Brett, auf dem man beliebig große Brote formt, die nach etwa zweistündigem Stehen auf mit Butter bestrichenen Blechen in einem gut geheizten Ofen in ungefähr 2 Stunden gebacken werden. Um das Abspringen der Oberkruste beim Backen zu verhüten, durchsteche man die Brote mit einem dünnen Stäbchen vorher an mehreren Stellen. Um den Broten eine blanke Oberfläche zu geben, muß man sie ungefähr eine Stunde nach dem Einschieben mit Wasser bestreichen und sofort weiter backen lassen. Da Roggenschrotmehl schwer aufgeht, muß man ein wenig Hefe benutzen.

Suppen

Über den Wert der Suppen sind die Vegetarier geteilter Meinung, und die Gegner derselben gehen wohl nicht fehl, wenn sie behaupten, daß Suppen, vor den festeren Speisen genossen, die Verdauung erschweren, weil sie den Magensaft unnötig verdünnen — ein Standpunkt, den u. a. auch Dr. Lahmann eingenommen hat. Da aber die Suppen von sehr vielen Menschen nicht vermißt werden mögen, so gleichen sie die Nachteile des Suppengenusses nach Möglichkeit dadurch aus, daß sie die Suppen nicht als dünne Wasserbrühen, sondern mit kräftigen vegetabilischen Zutaten verstärkt in mehr breiiger Form genießen. Lahmann fordert zudem, daß eine Suppe niemals ohne kerniges — am besten Schrot-Brot genossen wird, weil dadurch die zur Verdauung unbedingt erforderliche Speichelentwicklung gefördert wird. Gewürze vermeidet ein Vegetarier, von etwas Salz*) abgesehen, bei Suppen natürlich, ebenso wie bei allen anderen Speisen; desgleichen Essig, der durch Zitronensaft vollauf ersetzt werden kann. An Stelle der Kuhbutter — Margarine wird niemals verwendet — verbraucht der Vegetarier auch entsprechende Kunstprodukte, wie Pflanzenfette, Öle, Nußpräparate (Kokosnußbutter) u. dergl., von denen er je nach der Art des Produktes mehr oder weniger so viel als bei Kuhbutter benutzen muß. Zur Würzung von Suppen und der übrigen Speisen kann man auch die sogenannte „Knorrsos", ein Produkt, das bis jetzt wohl noch von keinem anderen Erzeugnis übertroffen worden ist, verwenden. Der reine Vegetarier vermeidet natürlich jede Würze, und der angehende sollte sich befleißigen, immer weniger scharf zu fetten, ölen, salzen, säueren und zu würzen.

Apfelsuppe. 1 Pfund ungeschälte, gereinigte Äpfel schneidet man in Stücke und läßt sie mit 2—3 Semmeln und 6 Eßl. Zucker in $1^{1}/_{2}$ l Wasser weich kochen. Hierauf rührt man die Suppe durch ein Sieb, süßt nach und bringt sie mit geröstetem Schrotbrot auf den Tisch.

---

*) „Es gibt Völkerschaften, die das Kochsalz gar nicht kennen und gleichwohl ebenso kräftige Individuen hervorbringen wie die salzessenden Völker." Prof. Virchow im Preuß. Abgeordnetenhaus.

Birnensuppe. Wie Apfelsuppe, nur weniger Zucker.

Bohnensuppe. Wie Erbsensuppe, doch rührt man sie nicht durch ein Sieb.

Brotsuppe. 1 Pfund Brotreste röstet man, stößt sie fein und rührt sie durch ein Sieb. Dann kocht man sie in 1½ l Wasser, ½ Eßl. Salz, 2 Eßl. Zucker und einem Stückchen Zitronenschale und streicht sie nochmals durch. Währenddem zerschneidet man 1 Pfund geschälte Äpfel und läßt sie in ½ l Wasser, 2 Eßl. Zucker, ein wenig Zimt und Zitronenschale gar kochen. Nachdem man auch die Äpfel durchgerührt hat, gibt man sie der kochenden Brotflüssigkeit zu, läßt beides zusammen aufkochen und schmeckt es mit Zucker und 1—2 Eßl. Zitronensaft ab.

Buchweizengrützsuppe. ¼ l Wasser und ¼ l Milch kocht man und setzt unter Rühren allmählich einen gehäuften Eßl. Buchweizengrütze und 2 Eßl. Zucker zu. Die Suppe, sämig gekocht, läßt man dann noch kurz ziehen.

Buttermilchsuppe. ½ Pfund eingeweichtes Brot kocht man mit 2 Eßl. Pflanzenbutter und 1 Teel. Salz, rührt es durch ein Sieb und vermischt den Brei mit 1 l Buttermilch, der man ein 1 Teel. Mehl zugesetzt hat. Unter Rühren läßt man die Suppe dann nochmals kochen. An Stelle des Brotes kann auch Grütze benutzt werden.

Erbsensuppe. 1 Pfund verlesene und gewaschene Erbsen weiche man am Abend vor dem Kochen ein. Zusammen mit dem Einweichwasser, das man durch ½ l heißes Wasser vermehrt und dem man 1 Eßl. Salz zugesetzt hat, läßt man die Erbsen am anderen Morgen weich kochen, siebt dieselben und vermischt die Suppe mit 3 Eßl. gelb geschwitzter Butter.

Gemüsesuppe. In einem Stückchen Butter lasse man 1½ Eßl. Mehl anziehen und gebe so viel Wasser, als man Suppe haben will, mit ½ Eßl. Salz hinzu. Darin lasse man das kleingeschnittene Gemüse (junge Erbsen,

Salat, Portulak, Sauerampfer, Spinat und Wurzeln) gar kochen und gebe ein Eigelb daran. Man kann der Brühe auch besonders gekochten Reis oder Gries, Nudeln oder Makkaroni zusetzen.

Graupensuppe. 100—125 g gespülte, mittlere Graupen quirlt man mit etwas Butter in Wasser dick aus und gießt nach Bedarf Wasser hinzu. Nachdem man der Suppe, die man niemals in einem eisernen Geschirr kochen darf, noch eine mäßig braune Mehlschwitze, Salz und gehackte Petersilie zugesetzt hat, zieht man sie mit 1—2 Eigelb ab.

Griessuppe. Wie Buchweizengrützsuppe.

Grünkernsuppe. Am Abend vor dem Kochen bedeckt man 120 g Grünkern mit Wasser. Am anderen Morgen röstet man 30 g Weißbrot, gibt es mit dem Grünkern in 2—3 l Wasser und kocht es. Dann wird die Suppe durch ein Sieb gestrichen und mit 20 g Pflanzenfett, etwas Butter, 1 Teel. Salz und 1 Eßl. gehackter Petersilie nochmals aufgekocht.

Hafergrützsuppe. 200 g Hafergrütze kocht man mit $2^1/_2$ l Wasser, dem man nach Bedarf Salz zufügt, auf mäßigem Feuer. Darauf gibt man 2 fein geschnittene Petersilienwurzeln, 2 mäßig große Eßl. frische Butter, 1 Dtzd. ganz kleine, geschälte Kartoffeln und eine helle Mehlschwitze daran. Die Suppe läßt man noch einmal kochen.

Heidelbeerensuppe. 1 l gewaschene Beeren kocht man in $1^1/_2$ l Wasser und der vorher aufgeweichten Semmel gar. Dann setzt man der Suppe 3 Eßl. Zucker zu, kocht sie nochmals auf und gießt sie schließlich durch ein Sieb. Um die Suppe zu binden, rührt man 1 Teel. Kartoffelmehl daran.

Hirsesuppe. Wie Buchweizengrützsuppe.

Holunder-(Flieder-)beersuppe. $1^1/_2$ l Beeren befreit man von den Stielen und kocht sie in einem irdenen Topfe mit Wasser ungefähr $1/2$ Stunde. Hierauf rührt man sie durch ein Sieb und gießt heißes Wasser, etwas Zitronensaft und genügend Zucker zu dem Brei. Um die Suppe zu binden, fügt man etwas angerührtes Kartoffelmehl dazu. Man kann in der Suppe auch Perlsago garkochen und einige kleingeschnittene Äpfel zufügen.

Kartoffelsuppe. In einer Kasserolle rührt man 3 Eßl. Butter schäumig und gibt 2—3 Eßl. geriebenen Parmesankäse, 1—2 Eßl Mehl, $1^{1}/_{2}$ Pfund flockig geriebene Kartoffeln, die man tags zuvor gekocht hat, und $1/4$—$2/8$ l Milch dazu, so daß ein geschmeidiger Teig entsteht, den man durch ein feines Sieb streicht. Den Teig vermengt man dann unter Rühren mit kochendem Wasser, bis man das gewünschte Quantum Suppe hat. Nachdem die Suppe noch 10—15 Min. gekocht hat, salzt man sie. Den Käse kann man auch fortlassen.

Kerbelsuppe. Wie Sauerampfersuppe.

Kirschsuppe. $3/4$ Pfund frische Kirschen, am besten sauere, entsteint man und bringt sie langsam mit Zwieback, etwas Zitronenschale und 2—4 Nelken in $1^{1}/_{2}$ l Wasser zum Kochen. Wenn das Kirschfleisch zerkocht ist, wird die Masse durch ein Sieb gestrichen, mit 2 Eßl. Zucker, Zimt und $1/2$ Eßl. Salz vermischt und mit Röstbrot angerichtet. Verwendet man getrocknete Kirschen, müssen diese tüchtig gewaschen, mit $1/4$ Pfund Hafergrütze und einigen Zitronenscheiben aufgesetzt werden.

Kräutersuppe. Eine Petersilienwurzel und etwas Porree oder eine Handvoll Basilikum, Dragon, Portulak, Salat, Sauerampfer, Schnittlauch und Spinat, das man fein wiegt, kocht man in $1^{1}/_{2}$ l Wasser mit 15—20 g Pflanzenfett und dem nötigen Salz gar. In die Brühe, die man durch ein Sieb streicht, gibt man 70 g Gries und eine helle Mehlschwitze hinzu.

Linsensuppe. Wie Erbsensuppe, doch läßt man

die Linsen ganz und macht mit den Zwiebeln zugleich Mehl in Butter gelb.

Maisgriessuppe. Wie Buchweizengrützsuppe.

Maiskleiensuppe. 2 Pfund mittelgroßer Mais werden auf einer Schrotmühle gemahlen, das Gemahlene wird durchgesiebt und der im Siebe zurückbleibende Rest nochmals gemahlen und durchgesiebt. Die dann zurückbleibenden Schalen benutzt man zur Suppenbereitung, indem man sie auf mildem Feuer in $1^1/_2$ l Wasser so lange kochen läßt, bis sie weich sind. Der Suppe setzt man hierauf etwas Salz und 2 Eßl. hellgeschwitzte Butter zu und richtet sie mit Semmelstückchen an.

Mehlsuppe. Man röstet 5 Eßl. Mehl in Pflanzenfett gelbbraun, läßt es erkalten und gießt es langsam in 2 l kochendes Wasser, würzt mit Salz und Muskat oder Kümmel ab und läßt das Ganze kurz aufkochen.

Milchreissuppe. 150 g Reis werden öfter kalt gewaschen, mit $1/_4$ l kaltem Wasser bedeckt, aufs Feuer gesetzt und zum Kochen gebracht. Hierauf stellt man den Reis mit $1/_4$ l heißem Wasser und etwas Salz aufs Feuer, läßt ihn mehr ziehen als kochen und fügt 2 l Milch nach und nach daran. Während des Kochens muß der Reis, um das Anbrennen zu verhüten, öfter umgerührt werden. Vor dem Anrichten süßt man die Speise.

Milchsuppe. $1^1/_2$ l frische Milch, $1/_2$ l Wasser, 2 Eßl. Kartoffelmehl, 2—3 Eidotter, Zucker, Zitronenschale, Salz und etwas Vanille läßt man unter Rühren über schwachem Feuer kochen. Die Suppe reicht man bei Tisch mit etwas Schneeklößchen.

Pflaumensuppe. Wie Kirschsuppe.

Rhabarbersuppe. Nachdem man die Stangen Rhabarber abgezogen, in kleine Stücke geschnitten und gewaschen hat, setzt man sie mit kaltem Wasser auf und läßt sie im offenen Topf $1/_4$ Std. kochen. Hierauf deckt man den Topf zu und kocht den Rhabarber vollends weich. Der Suppe setzt man zum Binden 1 Teel. angerührtes Kartoffelmehl zu. Mit Sago gekocht, wird sie besonders schmackhaft. Derselbe muß langsam unter Rühren in die Suppe geschüttet werden und so lange kochen, bis er klar ist. Vor dem Anrichten süßt man die Suppe.

Sauerampfersuppe. In 3 Eßl. Butter macht man $1^{1}/_{2}$ Eßl. Mehl gelb, läßt 1 l junge, gewaschene Sauerampferblätter darin zergehen und kocht sie mit $1^{1}/_{4}$ l Wasser, dem man etwas Salz zugesetzt hat, tüchtig durch. Hierauf richtet man die Suppe mit saurer Sahne, zwei Eidottern, einer Prise Muskatnuß und geröstetem Weißbrot oder Eierklößchen an.

Schokoladensuppe. $1/_2$ l Milch und $1/_2$ l Wasser läßt man aufkochen und gibt unter fortwährendem Rühren 60 g geriebene Schokolade hinzu. Seitwärts vom Feuer läßt man die Suppe dann noch eine knappe halbe Std. ziehen. Bei Tisch kann diese Suppe mit Semmelwürfeln gereicht werden.

Tomatensuppe. Eine mittelgroße Zwiebel schwitzt man zusammen mit 500 g abgehäutete und zerschnittene Tomaten in 40 g Butter weich. Darauf fügt man 2 l kochendes Wasser, Salz und 100 g zerkleinertes, geröstetes Weißbrot hinzu. Die Suppe kocht man dann in 35 bis 40 Min., rührt ihr eine helle Mehlschwitze zu, würzt mit feinem Pfeffer ab und richtet sie zum Schlusse, nachdem man sie durch ein Haarsieb gerührt hat, über verlorenen Eiern an. — Anstatt des Weißbrotes kann man auch 100 g gebrühten Reis nehmen, dann jedoch fallen die Eier fort.

Weizenkleiensuppe. 1 Pfund geschrotenen Weizen siebt man fein durch und setzt die im Siebe zurückgebliebenen Teile mit $1^{1}/_{4}$ l Wasser auf schwaches Feuer. Nachdem man die Kleie noch schwach gesalzen und einige Std. hat kochen lassen, setzt man ihr 2—3 Eßl. hellbraun geschwitzte Butter zu und richtet sie mit Zwiebackwürfeln an.

Nährmittel-Tabelle

von Dr. H. Lahmann

100 g enthalten	Wasser g	Eiweiß g	Fett g	Kohlehydrate g	Gesamt-Nährsalze g	Kalorien*)
Kuhmilch	87,42	3,41	3,65	4,81	0,71	60
Spinat	88,47	2,49	0,58	4,44	2,09	
Wirsing	87,09	3,31	0,71	6,02	1,64	
Blumenkohl ...	90,89	2,48	0,34	4,55	0,83	
Kopfsalat	94,33	1,41	0,31	2,19	1,03	
Eßbare Pilze ..	89,12	2,61	0,28	6,11	0,70	
Kartoffel	75,48	1,95	0,15	20,72	0,95	95
Möhre	87,05	1,04	0,21	9,40	0,90	
Kohlrabi (Knolle) .	85,89	4,87	0,21	8,18	1,17	
Kohlrüben ...	91,24	0,96	0,16	5,99	0,75	
Spargel	93,32	1,98	0,28	3,88	0,54	
Rotkohl	90,06	1,83	0,19	6,15	0,77	
Gurken	95,60	1,02	0,09	2,90	0,39	
Rettig	86,92	2,92	0,11	9,98	1,07	
Radieschen ...	93,34	1,23	0,15	4,54	0,74	
Hafer	12,37	10,41	5,23	57,78	3,02	
Reis	13,11	7,85	0,88	76,52	1,01	350
Erbse	14,99	22,85	11,79	52,36	2,58	315
Linse	12,35	25,70	11,89	53,46	3,04	330
Bohne	14,76	24,27	1,61	49,01	3,26	
Walnuß	4,68	16,37	62,86	7,89	2,03	
Haselnuß	3,77	15,62	66,47	11,31	1,83	
Kakao	3,63	11,99	49,32	26,43	3,48	530
Apfel	84,79	0,36	—	12,04	0,40	50
Birne	73,02	0,36	—	11,80	0,31	50
Kirsche	79,82	0,67	—	12,00	0,73	62
Weintraube ...	88,17	0,59	—	16,32	0,53	57
Pflaume	84,86	0,40	—	8,24	0,66	
Erdbeere	87,66	1,07	0,45	9,81	0,81	

*) Nährwerte

Gemüse

Sämtliches Gemüse, mit Ausnahme von Blumenkohl, grünen Bohnen und Spargel, deren Kochwasser man zu Suppen verwendet, kocht eigentlich ein Vegetarier niemals in Wasser ab, sondern dämpft es nur in Pflanzenfett oder Butter, weil dadurch die äußerst wichtigen Nährsalze im Gemüse erhalten bleiben. Im vorliegenden Kochbuche, das ja nur den Übergang von der Fleisch- zur Pflanzenkost vermitteln und erleichtern will, ist diese Kochart aber mehrfach nicht beibehalten worden, weil nichtstrenge Vegetarier sich nicht ohne weiteres an den strengen Geschmack mancher so zubereiteter Gemüse gewöhnen können. Der strenge Vegetarier ißt Gemüse überhaupt viel weniger, als man gemeinhin anzunehmen pflegt. Er legt den Schwerpunkt seiner Ernährung auf den Genuß von Früchten, Nüssen und Körnern der Gräser, nicht aber auf Blätter und Wurzeln. Essig und Gewürze, namentlich Pfeffer, verbannt er vollständig aus der Küche und er genießt alle süßen, d. h. von Natur süßen Wurzeln, Kräuter usw. eher und lieber als die sauren, bitteren und gesalzenen. Im vorliegenden Buche sind an einigen wenigen Stellen ganz verschwindende Mengen Gewürze beibehalten worden, einzig in dem Bestreben, nicht streng vegetarisch Lebenden ein Weiterschreiten auf dem Wege zur naturgemäßen Lebensweise zu erleichtern und Speisen kochen zu können, bei denen bislang Gewürze unbedingt nötig waren. In der vegetarischen Küche sind Gewürze nicht nötig. Der kernige Geschmack, den manche Anfänger lieben, kann z. B. sehr gut durch die schon vorhin erwähnte „Knorrsos" erzielt werden.

Pilze, wegen ihrer Schmackhaftigkeit und fleischähnlichkeit besonders bei Übergängern beliebt, vermeidet ein strenger Vegetarier ebenfalls, weil sie nach den Forschungen Dr. Haigs mit den Hülsenfrüchten und den Eiern die dem

Menschenkörper schädliche Harnsäurebildung gemeinsam haben.

Artischocken. Man reinigt die Artischocken, beseitigt die unteren Blätter, schabt die Stiele ab und läßt sie in schwach gesalzenem Wasser vorsichtig kochen, damit sie nicht auseinanderfallen. Nachdem man das Wasser abgegossen und das faserige entfernt hat, gibt man Butter in den Topf und dünstet die Artischocken. Bei Tisch reicht man Zucker und Zimmt dazu.

Blumenkohl. Den Kohlkopf befreie man von den Blättern und harten Strünken, zerteile ihn und behandele ihn weiter wie Rosenkohl.

Blumenkohlreis. Gesäuberter Blumenkohl wird auf schwachem Feuer in mildem Salzwasser gedünstet. 200 g Reis läßt man gleichfalls dünsten und setzt ihn dann dem Kohle zu, der inzwischen in 30 g Butter gebraten wurde.

Bohnen, grüne. Man nehme 1 $^1/_2$ l saftige Bohnen, ziehe sie ab und schneide sie in Stücke. Nachdem man sie gewaschen und in schwachem Salzwasser langsam weich gekocht hat, füge man die Grundsauce (siehe unter Saucen), 20 g Butter und 1 Eßl. gehackte Petersilie hinzu. Kartoffeln dienen als Zugabe.

Brennesselspinat. 3 Pfund junge und gewaschene Pflanzen gibt man in kochendes Wasser, läßt sie aufkochen, wodurch die Ameisensäure entfernt wird und wiegt sie dann ganz fein. Den Saft vermengt man mit in 200 g Butter geschwitzten, geriebenen Semmeln oder Zwieback zur dicken Brühe und setzt diese dem Spinat zu, den man dann noch kurz auf schwachem Feuer ziehen läßt. Bei Tisch reicht man Kartoffeln dazu.

Champignons. Aus 2 Pfund gut gereinigten Pilzen werden die Stiele gebrochen und die dadurch entstandenen Lücken mit einem Gemisch von Butter, 1 Prise gestoßenen Pfeffer und Salz ausgefüllt und die Pilze dann in 150 g

Butter gelb gebraten. Zu den Pilzen reicht man Petersiliensauce, der man etwas Zitronensaft zusetzt.

Erbsen, grüne. 2 Pfund Erbsen dämpft man in etwas gesalzenem Wasser gar und gibt darüber eine aus der Grundsauce und gehackter Petersilie hergestellte Brühe, in der man die Erbsen kurz dünsten läßt. Man kann sie auch mit Mohrrüben zusammen geben. Zu grünen Erbsen passen gut mehlige Kartoffeln.

Grünkohl. Wie Spinat, nur muß man ihn langsam dünsten.

Grünkohl in Butter. 2½ Pfund abgestreifter Kohl wird fein zerschnitten und in warmem Salzwasser abseits vom Feuer gebrüht. Dann dämpft man ihn in 150 g zerlassener Butter und gibt bei Tisch mehlige Kartoffeln dazu.

Gurken, gebratene. Grüne Gurken werden geschält, in 3—4 Teile geschnitten und in Salzwasser gedünstet. Darauf werden die Stücke in Ei und geriebener Semmel gewendet und in Butter gebraten.

Gurkengemüse. Man schält die Gurken, schneidet sie in lange Streifen und kocht sie in Salzwasser nicht allzu weich. Inzwischen schwitzt man 1 Teel. Mehl in Butter gelb, rührt saure Sahne daran, würzt mit Muskat und läßt die Gurkenstreifen darin kurz aufwallen. Hierzu reicht man Röstbrot.

Hirsekraut. 2 Weißkohlköpfe werden von den Strünken befreit, in Streifen geschnitten und nach dem Waschen auf schwachem Feuer in etwas Salzwasser gedünstet. Ist der Kohl ziemlich weich, fügt man 2 Eßl. gebrühte Hirse hinzu und läßt beides zusammen, ohne zu rühren, völlig weich werden. Mit 50 g gebratener Butter vermischt, reicht man das Hirsekraut zu Tisch.

Kartoffeln, gefüllte. Gekochte Kartoffeln schält und halbiert man, höhlt sie aus und füllt eine aus geriebenen Zwiebeln, geriebener Semmel, die mit Milch gut angefeuchtet wird, etwas Eigelb, Butter und gewiegter Petersilie zusammengesetzte Masse hinein, klappt je 2 Kartoffelhälften aufeinander, umwickelt sie mit Zwirn und bratet sie in Kokosnußbutter gelb.

Kohlrabi. Die geschälten und in Scheiben geschnittenen Kohlrabi sowie die zarten Blätter kocht man in wenig Salzwasser weich, gibt eine Mehlschwitze daran und fügt darauf nach Belieben feingehackte Petersilie hinzu. Die vom Kochen herrührende Brühe verwendet man mit der Grundsauce zu einer sämigen Masse, in welcher der Kohlrabi noch kurz ziehen muß. Als Zuspeise gibt man Kartoffeln.

Kohlrüben. 1 große oder 2 kleine Kohlrüben werden geschält, gewaschen, in feine Streifen geschnitten und in wenig Wasser, 20 g Butter und 1 Eßl. Salz weich gekocht. Darauf fügt man 1—2 Eßl. süße Sahne, 1 Teel. Kartoffelmehl und 1 Prise Muskat hinzu. Die Kartoffeln können sowohl gekocht, als auch gebraten dazu gegeben werden.

Kürbis. 3 Pfund Kürbisfleisch schneidet man in Stücke und dünstet diese in Wasser und etwas Salz weich. Dann gebe man die Grundsauce (siehe Seite 36) darüber und richte, nachdem das Ganze noch einige Min. gezogen hat, mit dem Safte einer Zitrone an.

Kürbisreis. 200 g gedämpfter, nicht ganz ausgequollener Reis wird, mit Kürbisstücken und $^3/_4$ l heißem Wasser vermengt, aufs Feuer gesetzt. Sobald der Kürbis weich ist, füge man 150 g zerlassene Pflanzenbutter hinzu und lasse das Ganze kurz dünsten.

Leipziger Allerlei. 25 junge Karotten, $^1/_2$ Pfund Spargel, 1 mittelgroßer Blumenkohlkopf und einige Morcheln sind dazu nötig. Das Gemüse wird geputzt, der Kohl zerteilt und die Morcheln werden gebrüht. Alle Gemüse kocht man für sich in Salzwasser. Darauf schwitzt man das Mehl in Butter und vermengt alles. Mit Kartoffeln belegt, reicht man das Gemüse, dem man noch reichlich Butter zusetzt, zur Tafel.

Maronen (Echte Kastanien). Die Maronen werden auf einer heißen Platte geröstet und von der Schale und der inneren Haut befreit. Dann dämpft man sie in heißem gesalzenem Wasser auf gelindem Feuer. Dem Maronensaft setzt man darauf in Butter, Palmin oder einem anderen Pflanzenfette geschwitztes Mehl zu, bis man eine sämige Brühe hat, in der man die Maronen noch kurz ziehen läßt.

Mohrrüben. $1^1/_2$ Pfund Möhren werden geputzt, gewaschen und in Streifen geschnitten, in schwach gesalzenem Wasser aufs Feuer gesetzt und langsam gar gekocht. Inzwischen stellt man aus der Grundsauce und dem Rübensaft eine Brühe her, mit der man die Möhren vermischt und nochmals aufkochen läßt. Mit Kartoffeln bringt man sie zu Tisch. Statt Kartoffeln kann man aber auch Reis oder Makkaroni reichen.

Pfefferlinge. 2 Pfund gut gereinigte Pilze läßt man in schwach gesalzenem Wasser weich dünsten und gibt die Grundsauce, etwas gehackte Petersilie und Zitronensaft darüber, darin die Pfefferlinge nochmals kurz dünsten müssen.

Puffbohnen (Saubohnen). 3 Pfund grüne, aus den Schalen genommene und von den Keimen befreite Bohnen dünstet man in Salzwasser und gibt in 50 g Pflanzenfett geschwitztes Mehl (2 Eßl.) daran. Nachdem beides etwas gezogen hat, setzt man den Bohnen 1 Messerspitze voll gehackte Petersilie und etwas Zitronensaft zu und trägt sie nach kurzem Stehen auf.

Rhabarbergemüse. Junge, sauber gewaschene Blätter gibt man in kochendes Wasser, läßt sie weich dünsten und wiegt sie fein. Dieses Gemüse mengt man dann gut mit hinreichend viel hellgelb geschwitzter Butter, salzt es und läßt es noch kurz auf der heißen Platte ziehen. Zu diesem Gemüse reicht man Kartoffeln. Auch die Blüten kann man so zubereiten oder man gibt sie mit in Butter gedünsteten Spargelstücken zusammen.

Rosenkohl. 2 Pfund von welken Blättern befreite Röschen werden gewaschen und in schwachem Salzwasser langsam gar gekocht. Dann läßt man in 125 g Butter 4 geriebene Zwiebäcke oder 2 Eßl. Mehl gelb werden und verrührt dies mit dem Kohlsafte zu einer sämigen Brühe, die, nach Bedarf gesalzen, noch kurze Zeit nachkochen muß. Die Röschen dürfen nicht zerkochen.

Rosenkohl mit Erbsen. Wie Rosenkohl. Die besonders gekochten Erbsen werden dem Kohl einfach zugefügt.

Rotkohl. Die Kohlköpfe viertelt man, wäscht sie und dünstet sie in schwach gesalzenem Wasser weich. Dann setzt man dem Kohl die Grundsauce und etwas Zitronensaft zu und läßt alles zusammen noch etwas ziehen. Mit Kartoffeln reicht man den Kohl zu Tisch.

Sauerampfer. $2^{1}/_{2}$ Pfund junge Blätter werden von den Stielen abgestreift, gewaschen und zerschnitten. Dann läßt man sie mit 50 g Butter und etwa 1 Eßl. Salz auf mäßigem Feuer weich kochen und vermischt sie mit in 30 g Butter geschwitzten 2 Eßl. Mehl. Dem Ganzen gibt man noch eine Tasse süßer Sahne oder $^{1}/_{4}$ l Milch und etwas Salz zu und läßt es abermals aufkochen. Bei Tisch reicht man hierzu Kartoffeln.

Sauerkraut. $1^{1}/_{2}$ Pfund Sauerkraut kocht man, knapp mit Wasser bedeckt, auf schwachem Feuer weich. Hierauf vermischt man es mit 6—7 Eßl. Butter oder Pflanzenfett und setzt ihm außer ein wenig Zucker etwas Zitronensaft zu. Man gibt das Sauerkraut mit mehligen Kartoffeln zu Tisch. — Das Sauerkraut soll man nicht waschen, weil dadurch die der Verdauung äußerst dienliche Milchsäure (nicht Essigsäure, wie meist angenommen wird) der Beseitigung verfällt. Ist das Kraut zu salzig, was bei nicht selbsteingemachtem öfter der Fall ist, so darf es höchstens schnell mit Wasser überspült werden.

Schwarzwurzelgemüse. 1 l gereinigte Wurzeln lege man in lauwarmes Milchwasser. Dann schneide man sie in Stückchen und koche sie in Salzwasser gar. Mit Benutzung des Wurzelsaftes bereite man darauf eine sämige Brühe aus in 30 g Butter geschwitzten 2 Eßl. Mehl, gebe diese über die Wurzeln und lasse sie noch etwas ziehen. Als Zuspeise dienen Bratkartoffeln.

Spargel. 1—1½ Pfund Spargel wird abgeschält und, soweit er hart ist, abgeschnitten, in Bündchen gebunden und in wenig heißem, gesalzenem Wasser weich gedämpft. Aus Spargelsaft und Grundsauce bereitet man eine Brühe, in der man den Spargel noch etwas ziehen läßt.

Spargel mit Erbsen. Wie vorher, nur muß beides getrennt gedämpft werden.

Spargel mit Möhren. Wie vorher.

Spinat. 3 Pfund gut verlesener und sehr oft gewaschener Spinat wird 8—10 Min. in brausend kochendem, schwach salzigem Wasser offen abgekocht und dann auf einem Küchenbrett fein gewiegt. In den Saft gibt man in 200 g Butter geschwitzte, geriebene Semmel, bis eine dicke Brühe entsteht, und vermengt damit den Spinat. Das Ganze läßt man dann noch etwas ziehen und richtet es mit Eier oder gebratenen Weißbrotscheiben an. Als Zuspeise dienen mehlige Kartoffeln.

Steinpilze. Wie Pfefferlinge.

Teltower Rübchen. Man putze 1½ Pfund Rübchen recht sorgsam. In 60 g Butter röste man 15 g feinen Zucker sowie 30 g Mehl dunkelbraun, füge knapp ½ l kochendes Wasser hinzu und bereite eine dünnsämige Sauce. Die Sauce wird gesalzen, mit Pfeffer gewürzt und mit 20—25 g Pflanzenfett vermengt. Die geputzten Rübchen werden in dieser Sauce auf sehr gelindem Feuer gedünstet.

Tomaten. Die gewaschenen Tomaten werden in kochendem Wasser kurz aufgekocht, abgehäutet und dann in gebratene Butter gelegt. Man läßt sie einige Zeit darin dünsten, salzt sie und reicht sie mit Kartoffeln zu Tisch.

Weißkohl. Wie Rotkohl.

Weißkohl, gefüllter. Man nimmt ziemlich viel Blätter von weißem Kohl, entfernt die dicken Rippen und kocht sie etwa 10 Min. in schwach gesalzenem Wasser weich. In die Blätter füllt man dann eine aus 2—3 fein gewiegten Zwiebeln, 125 g gekochten grünen Erbsen, 2—3 ganzen Eiern, 100—125 g Butter und genügend viel geriebener, mit Milch gut angefeuchteter Semmel zusammengesetzte Masse hinein, umwickelt die Kohlrollen mit Fäden und brät sie in Butter schön gelb. Als Zuspeise dienen Kartoffeln.

Wirsingkohl. Die in Viertel geschnittenen und von den Strünken befreiten Köpfe werden in Salzwasser weich gedünstet. In die Kohlbrühe gießt man dann in 150 g Butter geschwitzte 2—3 Eßl. Mehl und 2—3 kleine gehackte Zwiebeln und läßt die Brühe sämig werden. Nachdem man alles zusammen noch einmal hat aufkochen lassen, reiche man den Kohl mit Kartoffeln zu Tisch.

Gemüsepasteten

Blumenkohlpastete. Der gereinigte Kohl wird in Stücke geschnitten, in Butter gar gedünstet und wie oben weiterbehandelt.

Bohnenpastete. Die Bohnen werden in Stücke gebrochen, etwas gesalzen und in Butter auf schwachem Feuer weich gedünstet. Geschälte, gekochte Kartoffeln werden fein gerieben und mit Mehl und Milch verrührt, so daß ein steifer Teig entsteht. In einer mit Butter gut ausgestrichenen Form gibt man einen Teil des Teiges, dann die Bohnen und zum Schluß den Rest des Teiges, auf den man einige Stückchen Butter legt. Nun läßt man das Ganze in einem gut geheizten Ofen hellbraun backen.

Champignonpastete. Man nimmt ¼ Pfund Mehl, 100 g Butter, 1 Ei, ¼ Tasse Milch und ¼ Tasse Wasser, macht davon einen kalten Teig und teilt ihn in zwei verschieden große Teile. Den kleineren Teil rollt man aus und schneidet 2 Zoll breite Streifen daraus, die man an den Rand einer mit Butter ausgestrichenen Form legt. Dann füllt man die in Scheiben geschnittenen Pilze, die man vorher in Butter gedünstet hat, gibt gehackte Petersilie und Kartoffelstückchen hinzu und bedeckt dieses alles mit dem übrig gebliebenen Teig. Das Ganze wird dann gebacken.

Erbsenpastete. Wie Bohnenpastete.

Grünkohlpastete. Der von den Rippen abgestreifte Kohl wird ganz fein geschnitten, in wenig Salzwasser gekocht und wie oben weiter zubereitet.

Gurkenpastete. Die geschälten Gurken schneidet man in fingerlange Streifen, dünstet sie in Butter und bratet sie wie oben.

Himmel und Erde. In den vorbeschriebenen Brei füllt man weichgedünstete, in 4 Teile geschnittene Äpfel, streut Zucker, Zitronenschale oder Zimt lagenweise darüber und legt einige Zitronenscheiben dazu. Dann wird das andere Teigblatt darüber gebreitet und das Ganze im Ofen gebacken.

Kohlrabipastete. In Salzwasser weich gedünstete Kohlrabischeiben werden mit fein gewiegten Kohlrabiblättern vermischt in dem Pastetenbrei gebacken.

Kohlrübenpastete. Wie vorher, nur fallen die gewiegten Blätter fort.

Kürbispastete. Kürbisstreifen werden in Butter weich gedünstet und nach vorstehendem Rezept weiterbehandelt.

Maronenpastete. Die von den äußeren und den inneren Schalen befreiten Maronen werden mit einigen fein geschnittenen Zwiebeln in etwas Salzwasser abseits vom Feuer gedünstet, dann in der vorbeschriebenen Weise gebacken.

Morchelpastete. Die Morcheln müssen auf schwachem Feuer in zerlassener Butter mit gehackter Petersilie und etwas Schnittlauch gedünstet werden. Weiterbehandlung wie bei der Champignonpastete.

Pflaumenpastete. Pflaumen werden einige Minuten in kochendes Wasser gelegt, geschält, entkernt und dann wie oben behandelt.

Rosenkohlpastete. Die Röschen dünstet man in Salzwasser und bereitet sie wie oben zu.

Rotkohlpastete. Wie oben.

Schwarzwurzelpastete. Wie Gurkenpastete.

Selleriepastete. Wie Kohlrabipastete.

Spargelpastete. Wie vorher.

Steinpilzpastete. Wie Champignonpastete.

Tomatenpastete. 200 g Tomaten läßt man in siedendem Wasser kurz aufkochen, nimmt sie heraus und läßt sie, nachdem man ihre Haut abgezogen hat, in 75 g zerlassener Butter dünsten. Weiterbehandlung wie oben.

Weißkohlpastete. Zubereitung wie Rosenkohlpastete.

Wirsingkohlpastete. Wie vorher.

Zwiebelpastete. Geschälte und in Scheiben geschnittene Zwiebeln werden in $1/2$ l Wasser und 1 Eßl. Salz weich gedünstet, dann in 150 g Butter schwach gebräunt und in Pastetenteig gebacken.

Hülsenfrüchte

Hülsenfrüchte (Leguminosen) sind in der gewöhnlichen bürgerlichen Küche ein außerordentlich wichtiges Nahrungsmittel; der Vegetarier indessen wird sie nur seltener oder gar nicht, vor allen Dingen niemals regelmäßig genießen, da sie in sehr hohem Maße harnsäurebildend sind. Personen mit schwachem Magen sollten Hülsenfrüchte ebenfalls nicht oder nur in zerquetschter Form, d. h. in Suppen oder Pasteten essen.

Bohnen, weiße. 1 Pfund Bohnen werden gewaschen und in Salzwasser fast weich gekocht. Dann läßt man 100 g Butter gelb werden und gibt sie an die Bohnen. Nachdem beides noch etwa 10—15 Minuten gezogen hat, richtet man mit Brot oder Kartoffeln an.

Erbsenbrei. 400 g geschälte Erbsen kocht man in Salzwasser weich, drückt sie durch ein Sieb und gibt 100 g Butter hinzu. Bei Tisch reicht man sie mit Kartoffeln oder gerösteten Semmeln.

Erbsen, gelbe. 400 g ungeschälte gelbe Erbsen werden verlesen, gewaschen und mit $1^1/_2$ l Wasser sowie etwas Salz auf mäßigem Feuer ohne Umrühren gar gekocht. Man achte darauf, daß die Erbsen nicht breiig werden. Den Erbsen setzt man dann 30 g gelb geschwitzte Butter zu. Bei Tisch reicht man Kartoffeln oder Brot als Zuspeise.

Erbsen, grüne. Wie gelbe Erbsen, siehe Seite 16.

Linsen. 1 Pfund gewaschene Linsen dünstet man in Salzwasser, bis sie fast gar sind. Dann gibt man Pflanzenfett, 2 Eßl. Zucker und den Saft von 1—2 Zitronen hinzu, so daß man eine säuerlich-süße Brühe erhält. Nun läßt man das Ganze noch etwas ziehen und reicht bei Tisch Brot oder Kartoffeln dazu.

Linsen mit Backpflaumen. 250 g Linsen werden gewaschen und mit 1 l Wasser, dem man etwas Salz zugesetzt hat, auf gelindem Feuer gar gedünstet. In einer Kasserolle läßt man währenddem eine zerschnittene Porreestange, ein Stückchen Sellerie und eine mittelgroße, zerschnittene Mohrrübe in wenig Wasser eine Stunde dämpfen. Wenn die Linsen ziemlich gar sind, gibt man den Saft von den Wurzeln hinzu und vermischt beides mit 30 g zerlassener Butter oder Pflanzenfett. 200 g Backpflaumen werden in $1/_4$ l Wasser und 2 Eßl. Zucker ebenfalls gedämpft. Wenn sie noch nicht gar sind, rührt man sie mit den gleichfalls erst halbgaren Linsen zusammen und läßt beides dann gar kochen. Zuspeise Kartoffeln oder Brot.

Mehl-, Milch-, Kartoffel-, Reis- und Eierspeisen

Der Vegetarier geht allmählich dazu über, an Stelle des gewöhnlichen Mehles solches aus gutem Schrot zu setzen. Eier genießt er nur mit Vorsicht, da sie die gefährliche Harnsäure bilden. Bei der Zubereitung der Klöße beobachte man, daß sie schnell in gut wallendes Wasser gelegt werden und sofort weiterkochen, da sie sonst nicht schmackhaft werden.

Die Kartoffel, nebst dem Korn das wichtigste Nahrungsmittel der Gegenwart in unserer Zone, entspricht, allein genossen, zwar nicht allen Anforderungen an ein gutes Nährmittel, ist jedoch auch in der vegetarischen Küche äußerst wertvoll, wenn sie als Zukost zu Milch-, Hülsenfrucht-, Brot- und anderen Speisen gereicht und verwendet wird.

Apfelbettelmann. 400 g geriebenes Schwarzbrot vermischt man mit 40 g Zucker, 1 Stückchen Zimt und 2 Nelken. $1^1/_2$ Pfund geschälte Äpfel schmort man in Wasser und gibt Zucker und Korinthen daran. Hierauf streicht man eine Pfanne tüchtig mit Butter aus und füllt die Hälfte des Brotes hinein. Auf diese Brotschicht gibt man das Apfelkompott und obenauf wiederum Brot. Mit Butterstückchen belegt, bäckt man das Ganze im Bratofen und richtet es bei Tisch mit Zucker und Zimt bestreut an.

Apfeleierkuchen. Man bereite aus 350 g Mehl, $1/_2$—$3/_4$ l Milch und 4—6 Eiern einen flüssigen Teig, gieße diesen über 200 g Apfelscheiben, die in 30 g Butter geschwitzt wurden, und backe den Kuchen auf beiden Seiten schön hellbraun.

Äpfel im Schlafrock. 500 g Weizenmehl, 1 Eßl. Zucker und 350—400 g Pflanzenbutter werden zusammengerührt und zu einem Teig verarbeitet, den man auf einem Brett dünn ausrollt und in viereckige Stücke schneidet. Dann umhülle man kleine, von Schalen und Kernen befreite Äpfel damit, bestreue sie mit Zucker und backe sie im Ofen auf einem mit Butter bestrichenen Blech schön gelbbraun. In die Teigblättchen kann man neben den Äpfeln auch mäßig viel Sultanrosinen einfügen.

Apfelklöße. 1½ Pfund geschälte und in Stückchen geschnittene Äpfel werden mit 2 Eiern, ¼ l Milch und 1½ Pfund Mehl zu einem steifen Teig verrührt. Von diesem sticht man dann Klöße ab und kocht sie gar. Mit 70 g flüssiger Butter begossen und mit Zucker überstreut reicht man sie zu Tisch.

Arme Ritter. ¾ Pfund Weißbrot wird in Scheiben geschnitten und in mit Milch und Salz verschlagenen Eiern — 5 bis 6 — gut eingeweicht. Hierauf bratet man das Brot in heißer Butter in 5 Min. goldbraun. Bei Tisch gibt man Zucker und Zimt oder geschmortes Obst hinzu.

Birnenklöße. Wie Apfelklöße.

Bohnenplätzchen. Siehe Erbsenplätzchen.

Brotauflauf. 1 Pfund Schwarzbrot, das sehr trocken sein muß, wird gerieben und dann mit kalter Milch schwach befeuchtet. ¼ Pfund Butter wird schaumig gerührt, nach und nach 6—7 Eigelb und ¼ Pfund Zucker dazu getan und darauf alles auf das innigste vermengt. Dann wird das Brot dazu gerührt und zuletzt das zu Schnee geschlagene Eiweiß.

Buchweizengrütze. 400 g Buchweizengrütze schüttet man in kochendes Salzwasser und läßt sie unter ständigem Rühren kochen, bis sie dick wird. Dann gibt man ein Stückchen Butter daran und füllt sie in eine mit kaltem Wasser umgespülte Schüssel, in der man die Grütze erkalten läßt. Vor dem Anrichten stülpt man die Schüssel um. Bei Tisch reicht man die Grütze mit angewärmter Milch oder Brot.

Buchweizengrützklöße. $^1/_2$ l Wasser und $^1/_2$ l Milch läßt man mit 90 g Pflanzenbutter tüchtig kochen und schüttet unter stetem Rühren langsam 400 g Buchweizengrütze hinein. Wenn die Masse dann steif ist, werden ihr auf einer Schüssel 5 Eier beigemengt. Hierauf streicht man sie breit und sticht nach dem Erkalten Klöße ab, die man in kochendem Wasser ungefähr 10 Minuten ziehen läßt. Die Klöße reicht man mit gelb gebackener Butter zur Tafel.

Eierauflauf. Drei in Stückchen geschnittene Semmeln weiche man in Milch auf, vermenge sie mit 40 g schaumig gerührter Butter, 6—7 Eigelb und 2 Eßl. Zucker und backe den Teig in einer gut ausgestrichenen Form im heißen Ofen.

Eierpfannkuchen. Man bereite aus 400 g Mehl, $^3/_4$ bis 1 l Milch und 4—6 Eiern einen Teig, rühre ihn glatt und brate schöne, gelbe Kuchen daraus. Mit Zucker bestreut bringe man sie zu Tisch.

Eier, verlorene. Eine Hand breit hoch Salzwasser läßt man kochen. Die frischen Eier werden hineingeschlagen, aber so, daß das Eigelb ganz bleibt. Sobald das Weiße gut zusammenhält, werden die Eier herausgenommen. Wenn man sie säuerlich wünscht, werden sie mit Zitronensaft besprengt. Dann gibt man etwas Salz darüber. Brot oder Kartoffeln dienen als Zuspeise. Auch Spinat kann bei Tisch dazu gereicht werden.

Erbsenplätzchen. $^3/_4$ Pfund gekochte Erbsen vermengt man mit 2—3 geriebenen Semmeln, etwa 40 g Butter, 1—2 gehackten Zwiebeln und einem Ei, sticht von dem so erhaltenen Teig Klöße ab, drückt sie breit und bäckt sie in Butter auf beiden Seiten schön gelbbraun.

Flammeri. In 1 l kochende Milch schüttet man unter Rühren 125 g Gries, 120 g Zucker und 60 g Butter hinein. Ist der Gries gar, rührt man abseits vom Feuer 5—6 Eidotter daran und vermengt die Masse mit dem zu Schnee geschlagenen Eiweiß. Mit einem Fruchtsaft wird der Flammeri, nachdem er abgekühlt ist, zu Tisch gereicht.

Gemüseplätzchen. Verschiedene Gemüse, wie Mohrrüben, Weiß-, Wirsing- oder Blumenkohl, Pastinaken usw. werden mit Bohnen, Erbsen oder Linsen weich gekocht und fein gehackt und wie Erbsenplätzchen weiterbehandelt.

Gerstengrütze. Wie Graupengrütze.

Gerstenmehlauflauf. Wie Hafermehlauflauf.

Graupengrütze. 400 g gewaschene Graupen werden in $3/4$ l Wasser gedünstet. Dann gibt man heiße Milch und Zucker daran. Bei Tisch reicht man Brot oder Semmeln dazu.

Graupen mit Obst. Wie Reis mit Obst.

Gries. Der Gries wird in 1 l Wasser gekocht, die abgebrühten, feingehackten, süßen Mandeln (25 g) gibt man hinein und verrührt beides. Das Ganze wird dann mit 75 g Zucker gesüßt und in eine mit kaltem Wasser umspülte Schüssel geschüttet. Nachdem der Griesbrei erkaltet ist, stülpt man die Schüssel um und reicht die Speise mit einem Fruchtsaft zu Tisch.

Griesauflauf. In einem Gemisch von $1/4$ l Milch und $1/4$ l Wasser läßt man 150 g Mais- oder Weizengries dünsten und rührt ihm, sobald er ausgequollen ist, 90 g Zucker, 75 g schaumig geschlagene Butter und 5—6 Eidotter hinzu. Schließlich zieht man noch den Schnee von 5—6 Eiern unter und bäckt den Teig in einer mit Butter bestrichenen Form im Ofen bei mittlerer Hitze ungefähr 1 Stunde.

Griesklöße. In 2 l kochendes Wasser und Milch schüttet man langsam und unter Rühren 2 Pfund Gries, 60 g Zucker, $1/2$ Pfund Butter und etwas Salz. Sobald der Gries ausgequollen ist, vermengt man ihn mit 6 Eiern und formt daraus Klöße, die man in heißem Wasser gar kocht.

Gries mit Rhabarber. Der Gries wird wie oben zubereitet. Der Rhabarber wird abgezogen, in ganz kleine Stücke geschnitten und in Wasser tüchtig gekocht, bis sich eine derbe Masse bildet. Diese süßt man dann, gibt ein Stück Zimt und etwas Vanille hinzu und läßt den Rhabarber noch etwas ziehen. Dann vermengt man den Griesbrei mit dem Rhabarber. Nachdem das Ganze erkaltet ist, stülpt man die Schüssel um und reicht das Gericht mit angewärmter Milch oder Semmel zu Tisch.

Griespudding (Weizen-, Reis- oder Maisgries). $2/8$ l Milch, 1 Teel. Salz und 100 g Butter werden gekocht und hierauf 350 g Gries langsam unter stetem Rühren eingestreut. Diese Masse wird auf schwachem Feuer dann so lange gerührt, bis sie sich als Kloß vom Topfe löst. Nun rührt man 100 g Zucker, 2 Eidotter und 4 feingewiegte süße Mandeln schaumig und vermengt damit den Grieskloß, in den man schließlich noch den Schnee von 2 Eiern unterzieht. Die Form wird mit Butter ausgepinselt und mit geriebenem Brot besiebt und der Teig in die Form gefüllt. In der geschlossenen Form läßt man den Teig zwei Stunden im Wasser kochen oder in offener Form zwei Stunden im Backofen backen. Bei Tisch serviert man hierzu irgend einen Fruchtsaft.

Grütze, rote. $2/8$ Pfund Johannisbeeren, 80 g Himbeeren und 40 g Heidelbeeren werden mit 1 l Wasser gut gekocht. Die Masse streicht man hierauf durch ein Haarsieb, süßt sie und kocht in ihr 100 g vorher in kaltem Wasser verrührtes Maismehl gar. Dann füllt man die Grütze in eine ausgespülte Schüssel und stürzt sie nach dem Erkalten. Milch oder Vanillesauce werden dazu gereicht.

Haferbrei. Wie Reisbrei.

Hafergrütze. Wie Buchweizengrütze, nur muß unbedingt jeder Salzzusatz fortgelassen werden.

Hafergrützpudding. $1/4$ l Milch und $1/4$ l Wasser gießt man zusammen und läßt es kochen. Dann schüttet man unter fortgesetztem Rühren 300 g Hafergrütze, 30 g Butter und 60 g Zucker hinein. Auf heißer Platte, abseits vom Feuer, läßt man die Masse hierauf ausquellen und vermischt sie schließlich nach dem Erkalten mit 70 g fein gewiegten, süßen Mandeln und gibt 2—3 Eigelb, sowie den Schnee von 2 Eiern hinzu. In einer mit Pflanzenfett ausgestrichenen Puddingform läßt man den Brei dann etwa 1 Std. kochen.

Hafermehlauflauf. In 1 l kochende Milch gießt man $1/2$ l kalte, mit 350 g Hafermehl verquirlte Milch, läßt sie erkalten und rührt 50 g Butter, 2—3 Eßl. Zucker, geriebene Zitronenschale und 5—6 Eigelb hinein. Darauf zieht man das zu Schnee geschlagene Eiweiß darunter und bäckt den Teig in einer butterbestrichenen Form.

Hirse. 1 Pfund mehrfach gebrühte Hirse wird in Salzwasser gedünstet und mit gelb gebratener Butter vermischt. Beides muß dann noch 5—10 Min. am Feuer ziehen. Bei Tisch reicht man Brot oder Semmel dazu

Hirse, gebackene. 250 g gebrühte Hirse gibt man nach ihrer Vermengung mit $1/4$ l Milch, 30 g Zucker und einem Eßl. Butter in eine gut mit Butter ausgestrichene Form und bäckt den Brei im Ofen, bis er schön hellbraun ist.

Kartoffelbrei. 2 Pfund geschälte Kartoffeln werden in Stückchen geschnitten, in Salzwasser weich gekocht, gemust und dann mit $1/4$ l Milch, 25 g Butter und ein klein wenig Wasser schaumig gerührt.

Kartoffelklöße. $1^1/_2$ Pfund gekochte, geriebene Kartoffeln verrührt man mit 4—5 Eiern, 150 g Weizenmehl und 1 Eßl. Salz und formt aus dem so erhaltenen Teig $1/2$ Dtzd. Klöße, die man in siedendem Wasser kocht, bis sie oben schwimmen. Bei Tisch gibt man gebräunte Butter dazu.

Kartoffelpfannkuchen. 1 ½ Pfund geschälte Kartoffeln werden in kaltes Wasser gerieben, dann fest ausgedrückt und mit 1 Eßl. Salz, 3 Eigelb, 40 g Kartoffelmehl und ⅜ l Milch gemischt. Hierauf zieht man den steifen Eierschnee unter und backt den Teig in einer Stielpfanne in reichlichem, heißem Pflanzenfett oder Olivenöl zu kleinen, flachen Kuchen auf beiden Seiten braun und knusprig. Als Zuspeise reicht man hierzu Brot; besser aber schmeckt Rotkraut dazu.

Kartoffelpudding. Man vermenge 800 g geriebene Kartoffeln mit 6 Eidottern, 175 g Zucker und 80 g Pflanzenbutter, füge eine abgeriebene Zitronenschale und 125 g feingewiegte, enthäutete süße Mandeln hinzu und ziehe den Schnee von 5 Eiern darunter. In einer butterbestrichenen Puddingform läßt man die Masse dann 1 Std. kochen. Bei Tisch gibt man irgend einen Fruchtsaft hinzu.

Kirschklöße. Wie Apfelklöße.

Mais. 1 Pfund gemahlener und gesiebter Mais wird in Salzwasser, das ihn gerade bedeckt, zusammen mit einer kleingeschnittenen Zwiebel so lange auf schwachem Feuer gekocht, bis sich der Brei verdickt. Dann vermischt man ihn mit 30 g gelbgeschwitzter Butter oder Palmin. Schrotbrot dient als Zuspeise.

Maisauflauf. Siehe Griesauflauf.

Maisspeise. 400 g Maisgries werden in 1 l siedendes Wasser gerührt und mit etwa 1 Eßl. Zucker mindestens 15 Minuten lang gekocht. Vom Feuer genommen, läßt man ihn dann völlig ausquellen und schüttet ihn in eine Form. Bei Tisch reicht man Apfelmus oder geschmortes Obst dazu.

Makkaroni. ½ Pfund Makkaroni werden zerbrochen und in Salzwasser weich gekocht. In einer

Pfanne läßt man sie dann in 60 g Butter mit 25 g geriebenen Käse und $1/4$ l Milch kurz durchkochen.

Makkaronipudding. $1/2$ Pfund Makkaroni koche man in Salzwasser weich, belege damit den Rand einer mit Butter ausgestrichenen und mit geriebenem Brot bestreuten Puddingform, füge schichtweise Makkaroni und geriebenen Käse, 3 in Milch verrührte Eier und etwas Salz hinzu und lasse den Pudding im Wasserbade kochen. Nach dem Erkalten stülpt man die Form um und serviert den Pudding mit Tomatensauce.

Mehlklöße. 3—4 in Würfel geschnittene Semmeln werden in Butter gelb geröstet. 1 $1/2$ Pfund Mehl vermischt man mit $1/4$ l warmer Milch, 40 g Butter und 3—4 Eiern zu einem Teig, in den man die Semmelwürfel hineinknetet. Nachdem man den Teig ungefähr $1/4$ Std. hat gehen lassen, sticht man große Klöße ab, die man in siedendem Salzwasser 2 Std. kochen läßt. Das Garwerden der Klöße erkennt man daran, daß beim Hineinstechen mit einer Gabel keine Teigteilchen mehr haften bleiben. Pflaumenmussauce paßt zu den Klößen.

Nudeln (Hefennudeln). Man nehme 1 Pfund Mehl und gebe 100 g zerlassenes Pflanzenfett, 4 Eier, $1/8$ l Milch, etwas Salz, 2 Eßl. Zucker und etwa 30 g Hefe, die in wenig Milch mit Zucker aufgelöst werden muß, dazu. Nachdem alles gut vermischt und $1/4$ Stunde tüchtig geschlagen ist, stelle man den Teig an einen warmen Ort und lasse ihn 2—2$1/2$ Stunden gehen. Ist dieses geschehen, nehme man ihn auf das Backbrett und steche von der Masse mit einem Glase kleine Kuchen aus, die man nochmals $1/2$ Stunde gehen läßt. Alsdann zerlasse man in einer Kasserolle mit gut verschließbarem Deckel so viel Pflanzenfett, daß der Boden reichlich bedeckt ist, gebe etwas Salz und Milch dazu, und wenn die Mischung kocht, setze man die Nudeln dicht neben einander in die Kasserolle, decke rasch den Deckel zu und lasse dieselben 10 Min. fest zugedeckt backen. Sie müssen unten schön gelb gebacken sein.

Nudeln mit Spinat. Man koche 2 Pfund Spinat und wiege ihn. Dann gebe man in eine Kasserolle 1 Eßl. Butter, Milch, Salz, 1/2 Eßl. Zucker, den Spinat und 1/4 Pfund weichgekochte Eiernudeln. Alles gut vermischt, lasse man einige Zeit dünsten. Mit Eierscheiben garniert reiche man die Nudeln zu Tisch.

Pflaumeneierkuchen. Man rührt 350 g Mehl, 3—4 Eier und 1/2 l Milch zu einem flüssigen Teig, salzt ihn etwas und gießt den Teig, von dem man etwas zurückbehält, in eine Pfanne, in der man 50 g Butter zerlassen hat. Wenn der Teig etwas angebacken, die Oberfläche also noch weich ist, legt man ein Pfund entkernte und halbierte Pflaumen darauf und gießt den Rest des Teiges darüber. Das Ganze bäckt man schön braun.

Pfirsichauflauf. 125 g zerlassener Butter, 125 g Zucker und das Gelbe von 7 Eiern rührt man zusammen und vermischt dies mit dem aus 1 1/2 Pfund Pfirsichen gekochten Mus und 5 Eßl. geriebener Semmel. Unter das Ganze zieht man den von 7 Eiern geschlagenen Schnee und bäckt den Auflauf in einer butterbestrichenen Form im Ofen in etwa 3/4 Std.

Quittenauflauf. Wie Pfirsichauflauf.

Reis. Den gewaschenen Reis setzt man mit wenig kaltem Wasser aufs Feuer und läßt ihn fast garkochen. Dann gibt man Milch, Butter, 1 Teel. Salz und 1 Stückchen Zimt dazu, auch etwas Zucker, läßt den Reis weich dünsten und schüttet den Brei schließlich in eine mit kaltem Wasser umspülte Schüssel. Sobald der Reis erkaltet ist, stülpt man die Schüssel um. Als Zuspeise reicht man geschmortes Obst oder Fruchtsaft.

Reisklöße. 400 g weichgedünsteten Reis läßt man kalt werden und vermengt ihn mit 2 Eiern, 60 g Zucker und 60 g geriebener Semmel zu einem steifen Teig, aus dem man Klöße formt, die man in siedendem Wasser gar kocht.

Reismehlauflauf. Wie Hafermehlauflauf.

Reis mit Äpfel. $3/4$ Pfund gewaschenen Reis läßt man in schwach gesalzenem Wasser langsam weich dünsten. Die geschälten, entkernten 350 g Äpfel werden weich gekocht, durch ein Sieb gerührt und mit 125 g Zucker gesüßt. Nun gießt man die Äpfel zu dem Reis, rührt sie gut durch und läßt beides noch 10—15 Min. ziehen. In einer mit kaltem Wasser umspülten Schüssel läßt man die Speise erkalten und reicht sie mit Semmel oder Brot oder Zucker und Zimt zu Tisch.

Reis mit Milch. 250 g gewaschenen Reis läßt man in kochendem, schwach gesalzenem Wasser quellen, gießt dann 1 l warme Milch hinzu, gibt 20 g Butter daran und läßt alles zusammen unter Rühren so lange kochen, bis der Reis weich ist. Bei Tisch reicht man ihn mit Zucker und Zimt.

Reis mit Pflaumen. Wie Reis mit Äpfeln.

Reis mit Rosinen. Wie vorher.

Reispudding. 250 g Reis setzt man mit kaltem Wasser aufs Feuer und läßt ihn beinahe kochen, fügt dann $3/4$ l Milch, 90 g Butter und etwas Salz daran und läßt ihn gar kochen. Hierauf rührt man 3 Eier zu dem Brei. Eine Pudding- oder Pufferform streicht man mit Butter gut aus, streut geriebenes Brot hinein und füllt den Teig ein. Die verschlossene Puddingform stellt man nun in kochendes Wasser und läßt den Pudding in $1\frac{1}{2}$ bis 2 Std. gar kochen. Die Pufferform muß $1\frac{1}{2}$ bis 2 Std. im heißen Backofen stehen. Für die Pufferform verdünnt man den Teig etwas.

Rührei. Die Eier werden in einer Schüssel mit $1/8$ l Milch oder Wasser gleichmäßig zerschlagen. Dann streut man 1 Teel. Salz hinein, gießt das Ganze in eine Pfanne mit 100 g zerlassener Butter und rührt so lange, bis sich die Masse verdickt hat. Dazu reicht man Kartoffeln, Brot oder irgend einen Salat.

Sagopudding. 1 1/2 l Milch und 1 1/2 l Wasser werden zusammengegossen und gekocht. Hierein gibt man 500 g Sago, das Abgeriebene einer Zitronenschale, 125 g Pflanzenfett und 70 g Zucker und läßt das Ganze abseits vom Feuer ausquellen. Diesen Teig läßt man dann abkühlen, fügt 4 Eidotter und 60 g feingewiegte Mandeln hinzu und verrührt alles gut. Nachdem man noch das zu Schnee geschlagene Eiweiß darunter gezogen hat, bäckt man den Teig in einer butterbestrichenen und mit geriebener Semmel bestreuten Form in mäßig heißem Ofen ungefähr 1 Std.

Schokoladenflammeri. 1 l Milch wird zum Kochen gebracht. Die gebrühten, feingehackten Mandeln werden mit 60 g Zucker, 1 Prise Salz, 30 g Kakao und 100 g Reismehl, das man zuvor mit etwas kalter Milch angerührt hat, um Klumpen zu vermeiden, vermischt, in die kochende Milch getan und unter Rühren in 10 Min. gar gekocht. Den dick gewordenen Brei schüttet man in eine mit kaltem Wasser ausgespülte Schüssel und stülpt dieselbe nach einiger Zeit um. Mit Vanillensauce bringt man den Flammeri auf den Tisch.

Setz- oder Spiegeleier. In einer Pfanne mit 120 g zerlassener Butter oder Pflanzenfett gibt man die 5—6 Eier so, daß das Eigelb nicht auseinander rinnt. Dann streut man etwas Salz darauf und läßt sie so lange auf dem heißen Ofen stehen, bis das Eiweiß sich verdickt hat. Man reicht dazu Kartoffel, Brot, Spargel, frischen Kopfsalat, Brunnenkresse oder Selleriesalat.

Spatzen. 1 Pfund Roggenschrotmehl, ein Ei und wenig kalte Milch rührt man zu einem steifen Teig. In diesen mengt man dann ungefähr 60 g Butter hinein und sticht darauf kleine Klößchen ab, die in kochendem Salzwasser gar gekocht und kurz vor dem Darreichen mit geriebener

Semmel, die man in Pflanzenbutter gelb geschwitzt hat, übergossen werden. Als Zuspeise dient Schrotbrot.

Zitronenreis. 400 g Reis wird in $^3/_4$ l Milch und Zucker weich gekocht. Die Schale einer ziemlich dick geschälten Zitrone schneidet man in Stücke, kocht sie in $^1/_2$ l Wasser und gibt dann den Saft der Zitrone hinzu, darauf süßt man dieses und läßt es so lange kochen, bis eine sirupdicke Masse entsteht. Den kalten Milchreis legt man in eine Glasschale und gibt die Zitronenmasse darüber. Das Ganze kann man auch als warme Speise reichen.

Saucen

Bei der Zubereitung der Saucen, die in sehr vielen Fällen den Speisen erst die Schmackhaftigkeit verleihen, verwendet man in neuerer Zeit an Stelle der Kuhbutter mehr und mehr die Kunsterzeugnisse, wie Pflanzenfett usw. Zur Würzung nimmt man, wenn die Speisen einem noch nicht an vegetarische Kost gewöhnten Gaumen zu „nüchtern" schmecken sollten, eine von jenen vegetabilischen Würzen, die gegenwärtig unter den verschiedensten Bezeichnungen in den Handel gebracht werden.

Grundsauce. Man zerläßt 120—140 g Butter, fügt 2—2$^1/_2$ Eßl. Mehl und $^1/_8$ l heißes Wasser dazu und läßt das Ganze zu einer sämigen Masse kochen. Ständig umrühren!

Erdbeersauce. 200 g saubere Beeren, denen man $^1/_8$ l Wasser zusetzt, drückt man durch ein Sieb, süßt die Masse mit 2 Eßl. Zucker und fügt in Wasser verrührtes Mehl daran. Dann läßt man den Brei flüchtig aufkochen und verdünnt ihn nach Belieben, bis man die gewünschte Saucenmenge erhält.

Johannisbeersauce. 150 g Beeren, von den Stielen befreit, werden aufgekocht, durch ein Sieb gestrichen und mit 40 g Zucker, Zimt und 2—3 Nelken (ohne Köpfe) nochmals aufgekocht. Dann macht man sie mit 1 Teel. Kartoffelmehl sämig.

Kapernsauce. $1^1/_2$ Eßl. Kapern, $1^1/_2$ Eßl. Mehl, das man mit etwa $^1/_8$ l Wasser zerrührt, und den Rest einer Zitrone bringe man zum Kochen — unter Rühren — und gebe dann 130 g Butter hinzu.

Kirschsauce (Pflaumen). 150 g von den Kernen befreite Früchte werden gewaschen und wie Johannisbeeren behandelt.

Milchsauce. $^1/_2$ l kochender Milch fügt man 2 bis 3 Eßl. abgebrühte, geriebene, süße Mandeln und 1 Eßl. Zucker zu. Dann gibt man zwei in etwa 1 Teel. Mehl verquirlte Eigelb daran.

Petersiliensauce. Eine Handvoll Petersilie hackt man und fügt sie der Grundsauce zu, die man damit noch kurz aufkochen läßt.

Rosinensauce. 15—20 g große Rosinen dünstet man in $^1/_8$ l Wasser, etwas Zitronensaft und $^1/_2$ Eßl. Zucker auf schwachem Feuer und vermengt sie dann mit der Grundsauce.

Saure Sauce. In $1^1/_2$ l heißem Wasser löst man 2 Eßl. Zucker auf und gibt dies unter Rühren zu der Grundsauce, die man nach Bedarf mit Zitronensaft säuert, daß eine angenehme, süß-saure Masse entsteht.

Tomatensauce. 1 Pfund gewaschene Tomaten werden in $^1/_2$ l Wasser und 2—3 kleingeschnittenen Zwiebeln gedünstet, durch ein Sieb gestrichen und der Grundsauce zugesetzt, die man dann mit etwas Zitronensaft schmackhafter macht.

Vanillensauce. $^1/_2$ l Milch, von der man 2 Eßl. zurückbehält, wird gekocht. 1 Eßl. Maismehl, 1 Prise Salz, zwei Eßl. Zucker und 1 Eßl. Vanillezucker werden zusammen mit kalter Milch angerührt, unter Umrühren der kochenden Milch zugegeben und nochmals aufgekocht.

1 Ei wird mit 2 Eßl. kaltem Wasser verschlagen und die Sauce langsam hinzugegossen.

Zwiebelsauce. Man lasse etwa 4 feingeschnittene Zwiebeln in Butter gelb werden, gebe 1 Eßl. Mehl hinzu, gieße mit Wasser auf, das man noch etwas kochen läßt. Nachdem man die Menge noch durch ein Sieb gestrichen und mit $^1/_2$ Eßl. Salz und Zitronenscheiben vermischt hat, lasse man sie nochmals aufkochen. Schließlich rühre man sie mit 1 Eigelb ab.

Salate

Salate sind in den vegetarischen Haushaltungen wegen ihrer erfrischenden und vor allem wegen ihrer blutreinigenden Wirkung sehr beliebt. Der Vegetarier schränkt die Verwendung von Fetten und Ölen bei der Zubereitung von Salaten mehr und mehr ein, weil in den Pflanzen schon Fette in hinreichenden Mengen und in den dem menschlichen Organismus zuträglicheren Formen vorhanden sind. Zur Zubereitung von Salaten verwende man nur frisches, reines Oliven-, Buch-, Mohn- oder Erdnuß-Öl und unverfälschten Zitronensaft, niemals Essig oder einen Säureextrakt.

Blumenkohlsalat. Den gereinigten Blumenkohl schneidet man in kleine Stücke, dünstet diese gar und vermengt sie mit Zitronensaft und Olivenöl.

Bohnensalat. 1 l Wachsbohnen wäscht man, zieht sie ab, schneidet sie in 2—3 schräge Teile und kocht sie in siedendem Salzwasser weich. Dann legt man die Bohnen auf ein Sieb. Hierauf schüttet man sie in eine Schüssel, gießt den Saft von 2—3 Zitronen, 2 Eßl. Olivenöl, 1 Prise Salz, 1 Prise Pfeffer, 1 Eßl. gehackte Petersilie und 1 Eßl. Bohnenkraut hinzu und verrührt alles gut.

Gemischter Salat. 1 1/2 Pfund Pellkartoffeln schneidet man in Scheiben, ebenso 2—3 rote Rüben, 1 Sellerie und 3 Mohrrüben und dämpft dies mit Ausnahme der Kartoffeln weich. Darauf vermengt man die Kartoffeln, die Scheiben von sauren Gurken und etwas Salz mit den Wurzelscheiben und fügt dem Ganzen Olivenöl und Zitronensaft hinzu.

Gurkensalat. Geschälte Gurken werden in Scheiben geschnitten und mit Salz, Zitronensaft, Öl und 1 Prise Pfeffer gut vermischt.

Kartoffelsalat. 2 Pfund abgezogene Pellkartoffeln werden in Scheiben geschnitten und in einer Schüssel mit 2 Eßl. Öl, 1/2 Eßl. Salz und den Saft von 4—5 Zitronen, 6 Eßl. heißem Wasser und 1 kleinen, feingeschnittenen Zwiebel vermischt.

Kopfsalat. Man wäscht den Salat, entfernt die Strünke und behandelt ihn weiter wie oben. Man kann an Stelle des Öles auch 2—3 Eßl. saure Sahne verwenden. Dann muß der Salat etwas gezuckert werden.

Möhrensalat. Abgeputzte Mohrrüben werden in Scheiben geschnitten und weich gedünstet. Dann Weiterbehandlung wie Tomatensalat.

Rapünzchensalat. Die gut gereinigten Blätter werden mit Salz, Öl und Zitronensaft vermischt.

Rosenkohlsalat. Wie Blumenkohlsalat, nur zerschneidet man die Röschen nicht.

Rote Rübensalat. Rote Rüben werden gewaschen und weich gekocht, hierauf abgezogen und in Scheiben geschnitten. Eine Mischung, bestehend aus kochendem Wasser, Zitronensaft, etwas Salz und Zucker, gießt man über die Rübenscheiben.

Sauerampfersalat. Wie Blumenkohlsalat.

Selleriesalat. Der Sellerie wird gar gekocht, in Scheiben geschnitten und, nachdem die Scheiben abgekühlt sind, mit genügend Salz, Öl und Zitronensaft vermischt.

Spargelsalat. 1 Pfund in Stücke geschnittener, geschälter Spargel wird gekocht und wie Blumenkohlsalat weiter behandelt.

Spinatsalat. Wie Blumenkohlsalat.

Tomatensalat. 1 Pfund gewaschene Tomaten schneidet man in Scheiben, entfernt die Kerne und behandelt sie weiter wie gemischten Salat.

Zwiebelsalat. $^3/_4$ Pfund junge Sprossen von Zwiebeln werden sauber gewaschen und gewiegt, dann. $^1/_2$ Eßl. Salz, 2 Eßl. Öl und etwas Zitronensaft versehen, zu Tisch gebracht. Man ißt dazu Kartoffeln oder Brot,

Früchte

Früchte, das Schönste und Beste, das der Vegetarier kennt, bilden sein wichtigstes Nahrungsmittel neben der Nuß. Am besten werden Obst und Früchte natürlich in dem Zustande genossen und bekommen, in dem sie uns die gütige Mutter Natur darreicht, frisch, unverfälscht und ungekocht. Will man sie aber in gekochtem Zustande genießen, so koche man sie wegen ihres Säuregehaltes nur in irdenen oder emaillierten Gefäßen. Die Saucen bei Früchten dürfen nicht zu dünn und nicht zu dick eingekocht werden. Um bei getrockneten Früchten eine genügend starke Sauce zu erhalten, kann man ihr ein wenig Kartoffelmehl zusetzen, aber niemals soviel, daß dieselbe breiig wird.

Apfelmus. 1 Pfund gewaschene Äpfel werden mit den von Flecken gereinigten Schalen in Stücke geschnitten, in $^1/_2$ l Wasser weich gekocht, durch ein Sieb gerührt und dann gesüßt.

Aprikosen. 250 g getrocknete und entsteinte Aprikosen wasche man, dünste sie in $^1/_2$ l Wasser weich und süße sie. Darauf lasse man das Wasser noch etwas einkochen.

Bananen. Zehn getrocknete Bananen werden gewaschen und in Wasser weich gedünstet. Etwas Zitronensaft macht dieses Obst angenehmer.

Birnenmus. Wie Apfelmus.

Datteln. 200 g getrocknete Datteln behandelt man wie vorher angegeben. Der Zitronensaft bleibt aber fort.

Erdbeeren. 1 Pfund gewaschene Erdbeeren drücke man durch ein Sieb und koche das so erhaltene Mus mit 100 g Zucker und $3/4$ l Wasser zu einem mäßig dicken Saft.

Feigen, geschmorte. $3/4$ Pfund getrocknete Feigen weicht man über Nacht ein und dünstet sie anderen Tags in ihrem Einweichwasser weich. Gezuckert und zerschnitten reicht man sie zu Tisch.

Heidelbeeren. 1 Pfund gut verlesene und gewaschene Beeren dünstet man in Wasser weich und süßt sie.

Himbeeren. Wie Erdbeeren.

Johannisbeeren. Wie Erdbeeren.

Kirschenmus. Wie Apfelmus.

Nuß. Der Vegetarier genießt die verschiedenen Nüsse, von der Hasel- bis zur Kokosnuß, meist in natürlichem Zustande, weil sie so am bekömmlichsten sind. Alle Nüsse besitzen einen hohen Fettgehalt, weshalb sie besonders hoch geschätzt werden (vergleiche Nährmittel-Tabelle).

Obst, geschmortes. $1 1/4$ Pfund gewaschenes Obst wird so lange in $1/2$ l Wasser gedünstet, bis es weich ist. Dann süßt man dasselbe mit 2—3 gehäuften Eßl. Zucker und bindet den Saft mit 1 Teel. Kartoffelmehl. Äpfel und Birnen werden vorher geschält und von den Kerngehäusen befreit.

Pflaumen, geschmorte. Wie Aprikosen.

Pflaumenmus. Wie Apfelmus.

Preißelbeeren. Wie Heidelbeeren.

Quitten. Die geschälten, von den Kerngehäusen befreiten und in Stücke geschnittenen Früchte werden in Wasser weich gedünstet und dann gezuckert.

Stachelbeeren. Wie Heidelbeeren.

Wer sich über die Marmeladen-, Obstmus-, Fruchtbrot- und Geleebereitung unterrichten will, findet in Heft 4 der Lehrmeister-Bibliothek gewünschte Auskunft. Kandierte Früchte und Konfitüren, sowie das Einmachen in Essig, Alkohol behandelt Heft 169 dieser Bibliothek, das Einmachen der Früchte dagegen beschreibt Heft 3 ausführlich. Im übrigen gibt die Redaktion des „Lehrmeister im Garten und Kleintierhof" über alle Fragen der Obstverwertung gern unentgeltliche Auskunft im Fragekasten. Außerdem auch brieflich, wenn der Anfrage das nötige Rückporto beigefügt wird.

Menüs

Erste Woche

Sonntag:
    Rezepte auf Seite
  Apfelsuppe 7
  Blumenkohlpastete . . . 21
  Pfefferlinge mit Kartoffeln 18
  Flammeri 27

Montag:
  Kirschsuppe 10
  Gelbe Erbsen mit Kartoffeln 24
  Arme Ritter 26
  Apfelmus 40

Dienstag:
  Brotsuppe 8
  Mohrrüben 18
  Gebackene Hirse . . . 30
  Preißelbeeren 42

Mittwoch:
  Linsen mit Spatzen 24, 35
  Petersilienkartoffeln . . 37
  Petersiliensauce . . . 37
  Reispudding 34
  Geschmortes Obst . . . 41

Donnerstag:
  Gebratene Gurken . . . 16
  Bohnenpastete 21
  Linsen mit Backpflaumen 24
  Birnenkompott 41

Freitag:
  Kräutersuppe 10
  Gefüllte Kartoffeln . . 16
  Selleriesalat 39

Sonnabend:
  Buttermilchsuppe . . . 8
  Schwarzwurzelgemüse . 20
  Spargelsalat 40

Zweite Woche

Sonntag:
    Rezepte auf Seite
  Hollundersuppe 9
  Leipziger Allerlei mit Kartoffeln 17
  Buchweizengrütze . . . 26
  Kopfsalat 39

Montag:
  Kartoffelsuppe 10
  Grüne Erbsen 16
  Kartoffeln mit Rosinensauce 37
  Bananenkompott . . . 41

Dienstag:
  Tomatensuppe 12
  Champignons mit Kartoffeln 15
  Eierpfannkuchen . . . 27
  Heidelbeerkompott . . . 41

Mittwoch:
  Schokoladensuppe . . . 12
  Kohlrabi 17
  Gemüseplätzchen . . . 28
  Tomatensalat 40

Donnerstag:
  Mehlsuppe 11
  Teltower Rübchen mit Kartoffeln 20
  Rapunzchensalat . . . 39

Freitag:
  Maiskleiensuppe . . . 11
  Kohlrüben 17
  Bohnenpastete 21
  Geschmorte Feigen . . 41

Sonnabend:
  Kerbelsuppe 10
  Wirsingkohl mit Kartoffeln 21
  Gemischter Salat . . . 39

Dritte Woche

Sonntag: Rezepte auf Seite
- Heidelbeerſuppe 9
- Makkaroni 31
- Champignonpaſtete . . . 22
- Birnenkompott 41

Montag:
- Grünkernſuppe 9
- Mehlklöße mit geſchmorten Pflaumen 32
- Quittenkompott . . . 42

Dienstag:
- Kirſchſuppe 10
- Kürbisreis 17
- Puffbohnen mit Kartoffeln 18

Mittwoch:
- Haferbrei mit Milch . . 29
- Zwiebelpaſtete . . . 23
- Steinpilze mit Bratkartoffeln 20
- Geſchmortes Obſt . . . 41

Donnerstag:
- Roſenkohl mit Kartoffeln 19
- Maronenpaſtete . . . 22
- Griespudding 29

Freitag:
- Milchſuppe 11
- Rotkohlpaſtete . . . 23
- Pfirſichauflauf . . . 33

Sonnabend:
- Nudeln mit Spinat . . 33
- Äpfel in Schlafrock . . 26
- Gurkenſalat 39

Vierte Woche

Sonntag: Rezepte auf Seite
- Reis mit Äpfel . . . 34
- Weißkohlpaſtete . . . 23
- Flammeri 27

Montag:
- Spinat mit Ei und Kartoffeln 20
- Pflaumenpaſtete . . . 23
- Kopfſalat 39

Dienstag:
- Griesſuppe 9
- Kartoffeln mit Kapernſauce 37
- Weiße Bohnen . . . 24
- Gemiſchter Salat . . . 39

Mittwoch:
- Rhabarberſuppe . . . 11
- Kartoffelpfannkuchen . . 31
- Aprikoſenkompott . . . 40
- Sagopudding 35

Donnerstag:
- Kartoffeln mit Tomatenſauce 37
- Roſenkohl mit Erbſen . 19
- Möhrenſalat 39

Freitag:
- Graupenſuppe 9
- Linſen mit Backpflaumen 24

Sonnabend:
- Zitronenreis 36
- Eierpfannkuchen . . . 27
- Johannisbeerkompott . . 41

www.ingramcontent.com/pod-product-compliance
Lightning Source LLC
Chambersburg PA
CBHW031836230426
43669CB00009B/1374